KB264585

인물로 보는 세계 역사

LIVE 세계사

⑩ 튀르키예

천재교육

글 **조영선**

어린이책을 기획하는 콘티 작가이자 과학·수학 칼럼니스트, 어린이 교육 강사로 활동하고 있습니다.
《Why》, 《카카오프렌즈 과학 탐정단》, 《일렉트론 영웅전》 등의 학습 만화 시리즈와
〈화장실 괴물 무섭지 않아〉, 〈뽀송이의 여행〉, 〈이상한 스마트폰 세상〉 등의 동화책을 썼습니다.

만화 **툰쟁이**

유익하고 재미있는 학습 만화를 그리기 위해 노력하는 학습 만화 창작팀입니다.
대표 학습 만화로는 《와이즈만 첨단 과학》《Who?》《셀파 탐험대(역사편)》 시리즈 등이 있습니다.

학습·감수 **김태규**

고려대학교 역사교육과에서 공부했습니다. 고등학교 교사로 재직하고 있으며,
재미있는 역사 수업을 위해 모인 '역사사랑'에서 활동하고 있습니다.
지은 책으로는 《생각하는 세계사. 서양 고대 편(공저)》, 《생각하는 세계사, 서양 중세 편(공저)》 등이 있습니다.

LIVE 세계사 ⑩ 튀르키예

발행 | 2022년 12월 31일 초판 **인쇄** | 2022년 12월 20일 1쇄
발행처 | (주)천재교육
글 | 조영선 **만화** | 툰쟁이 **삽화** | 이연 **학습·감수** | 김태규
편집 | 천재교육 만화사업팀 **북디자인** | Design Plus
사진 제공 | 셔터스톡, 위키피디아, 천재교육
신고번호 | 제2001-000018호(1980.5.28)
팩스 | 02-3282-1717
고객만족센터 | 1577-0902
주소 | 08513 서울특별시 금천구 가산로9길 54
홈페이지 | www.chunjae.co.kr

ISBN 979-11-259-7044-6 74900
ISBN 979-11-259-7034-7 74900 (세트)

인물로 보는 세계 역사
LIVE 세계사
⑩ 튀르키예

유럽과 아시아를 아우르는 튀르키예를 만나 보아요!

튀르키예는 유럽과 아시아가 만나는 곳에 있어요. 보스포루스 해협을 기준으로 서쪽에 있는 유럽 쪽 영토가 3%, 나머지 97%가 아시아 쪽 영토예요. 왼손으로 치면 엄지손가락이 유럽, 손바닥이 아시아인 셈이지요.

튀르키예를 세운 튀르크족의 기원은 아시아에서 찾을 수 있어요. 중국 북쪽에 살던 흉노가 한나라에 쫓겨 서쪽으로 이동했고, 그 과정에서 튀르크족이 갈라져 나왔어요. 튀르크족은 중앙아시아 일대에 여러 나라를 세웠는데, 그중 하나가 이슬람교를 받아들인 오스만 제국이에요. 오스만 제국은 천 년을 버틴 동로마 제국을 무너뜨리고 끝없이 영토를 확장했어요. 한때는 유럽, 아시아, 아프리카 세 대륙에 걸쳐진 광활한 영토를 지배하기도 했지요. 그러다 오스트리아에 막히면서 더 이상 유럽으로 나아가지 못했어요. 하지만 아시아와 유럽을 잇는 길목을 차지하고 있어 세계 무역의 중심지로 떠오르며 큰 번영을 누릴 수 있었습니다.

하지만 오스만 제국은 근대로 들어서서 약해지기 시작했어요. 산업 혁명 이후의 세계적 변화를 따라가지 못했고, 무역의 중심이 대서양으로 바뀌면서 경제적으로도 어려워졌거든요. 결국 '유럽의 병자'라는 조롱까지 받으며 큰 위기를 겪게 돼요. 이때 무스타파 케말이 나타나 사회적 변화를 이끌었어요. 튀르키예 공화국을 세우고, 유럽의 제도와 문물을 받아들여 개혁을 추진했습니다. 덕분에 튀르키예는 이슬람 국가 중 유일하게 근대화에 성공한 나라가 되었어요. 어떤가요? 서구 문물을 받아들여 근대화에 성공한 튀르키예가 궁금하지 않은가요? 지금부터 함께 만나 볼까요?

김태규
서울 장충고등학교 교사

현재 우리가 살아가는 지구에는 수많은 나라와 역사가 있어요. 그 역사 속 사람들을 알고 싶다면 《LIVE 세계사》를 읽어 보는 것은 어떨까요? 여러분이 꼭 알아 두면 좋을 인물을 중심으로 한 재미있는 만화를 읽을 수 있어요.

김현숙
서울 청운중학교 교사

《LIVE 세계사》는 세계 여러 나라의 역사를 중요 인물과 사건을 통해 살펴보고, 이와 관련된 주변 나라의 역사와 나아가 세계 역사 흐름을 살펴보려는 책입니다. 인물과 사건, 그리고 유적과 유물을 통해 세계는 연결되어 있고, 과거와 현재가 연결되어 있음을 알 수 있습니다.

왕흥식
서울 보성중학교 교사

여러분이 친구들과 많은 것을 함께 나누는 것처럼 세계 여러 나라 사람들도 이웃 나라, 심지어 지구 반대편 먼 나라 사람들과 만나 많은 것을 주고받았어요. 그 결과물이 세계사이지요. 《LIVE 세계사》는 곳곳에 우리나라 이야기도 들어 있어 편하게 만날 수 있을 거예요.

이강무
서울 인창중학교 교사

《LIVE 세계사》는 어린이 혼자 읽으면서도 쏙쏙 이해되는 세계사 책이에요. 역사적 인물을 통해 각 나라의 역사를 살펴보며 '세계사 공부가 이렇게 쉽고 재미난 것이구나!' 할 거예요. 세계 시민으로 살아가는 어린이들에게 더 넓은 세상으로 나아가는 길을 열어 줄 것입니다.

황은희
서울 창림초등학교 교사

이 책의 특징

1 여행 지도

해당 나라의 지도와
함께 수도, 언어, 기후,
국기 등 기본 정보를
알아봅니다.

2 만화와 정보 박스

세계 역사 속 주요 인물을
재밌는 스토리와 함께
만화로 만나 봅니다.
정보 박스를 통해
놓치기 쉬운 학습 정보를
보충합니다.

3 세계사 들여다보기
세계사 넓게 보기
세계사 깊게 보기

해당 나라에 관련된
정보를 읽고,
그 시기에 주변 나라와
우리나라는 어떤 일이
있었는지 살펴봅니다.

아프라시압 궁전 벽화

중국은 후한이 멸망하고, 위진남북조 시대가 열리며, 수나라가 이 오랜 분열의 시기를
끝내고 중국을 하나로 통일했어요. 그리고 주변 나라를 압박하기 시작하지요. 당시 서역
튀르크족이, 동북에는 우리나라인 고구려가 있었어요. 튀르크족과 고구려는 수나라의 견
제에 맞서기 위해 사신을 주고받았어요. 고구려에서 온 사신이 그려져 있어요. 교통이 발달하지도 않은 시대에 두 나라가
먼 거리를 오가며 교류했다니, 신기하지요?

아틸라 (406년?~453년)

5세기 무렵 유럽을 뒤흔든 훈족의 왕이에요. *숙부인 루아왕 손에서 자랐고,
형인 블레다가 갑자기 세상을 떠나면서 왕의 자리에 올랐어요. 유럽인들은
아틸라를 '로마 제국을 파괴한 야만인'으로 기록했어요. 하지만 왕이면서도
권위적이지 않고 사람들과 잘 어울렸다는 기록도 있어요. 정책을 결정할
때도 여러 의견을 들었고요. 흩어져 있던 훈족을 하나로 모아 로마 제국을
위협한 사실만 보아도 뛰어난 지도자였다는 것을 알 수 있습니다.

4 놀이 퀴즈

미로 찾기, 가로세로
낱말 퀴즈, 사다리 타기 등
재밌는 퍼즐을 이용해
학습한 내용을
확인해 봅니다.

5 문제 퀴즈

세계사와 관련된 다양한
유형의 문제를 풀면서
학습한 내용을 점검하고
교과를 비롯한 여러 가지
시험에 대비합니다.

6 연표 End

인물과 사건을 중심으로
역사의 흐름을 이해하고
같은 시기에 우리나라와
다른 나라에서 일어난
사건과 비교해 봅니다.

튀르키예

지리
유럽과 아시아가 만나는 곳에 있어요. 보스포루스 해협을 경계로
유럽 쪽 영토를 동부 트라키아, 아시아 쪽 영토를 아나톨리아라고 해요.

수도
튀르키예 중심에 있는 수도 앙카라는
전 지역으로 가는 교통의 중심지이자,
각종 농산물이 모이는 곳이에요.

언어
튀르키예어를 사용해요.

기후
해안 지역은 온화한 지중해성 기후가,
건조한 내륙 지역은 계절 차가 큰
대륙성 기후가 나타나요.

화폐
리라(YTL)를 사용해요.

종교
인구의 99%가 이슬람교를 믿어요.

산업
서비스업이 65%, 공업이 27%,
농업이 8% 정도를 차지해요.
세계에서 손꼽히는 관광 대국이에요.

세계유산
옛 동로마 제국의 문화유산뿐만 아니라
지중해와 에게해 주변으로
매력적인 문화유산을 갖고 있어요.

국기
붉은 바탕에 흰 초승달과
별이 그려져 있어요.
달과 별이 있어
'월성기'라고 부르며,
이슬람교를 상징해요.
나와 함께
튀르키예
여행을
떠나 볼래?
카파도키아

모모

이상한 나라의 도서관 사서.
논리적이지만 가끔
무모할 때가 있어요.

솔이

이상한 나라의 음악가.
악기를 잘 다루고
감수성이 섬세해요.

도기

항상 신중하고
여유 있게
행동해요.

하트 공주

이상한 나라
하트 여왕의 외동딸.
자기만의 왕국을
세우려고 해요.

가로

하트 공주의 부하.
충성심으로 가득하지만
엉뚱한 행동으로 일을
그르치기도 해요.

세로

하트 공주의 부하.
공주의 말이라면 무조건
따르며, 눈치가 빨라
행동도 빨라요.

아틸라

5세기 무렵에
유럽을 뒤흔들며
훈족의 전성기를
이끈 왕이에요.

메흐메트 2세

오스만 제국 제7대 술탄,
동로마 제국의 수도인
콘스탄티노폴리스를
무너뜨렸어요.

술레이만 1세

오스만 제국 제10대 술탄,
동서양을 연결해
오스만 제국을 교역의
중심지로 만들었어요.

압둘메지드 1세

오스만 제국의 제31대 술탄.
탄지마트 개혁을 실시해
사회를 변화시키려고
노력했어요.

무스타파 케말

갈리폴리 전투를
승리로 이끌고,
튀르키예 공화국을 세운
첫 대통령이에요.

차례

이상한 나라 안내서
여기는 이상한 나라.
세상의 지식과 상상이 모여 만들어진 마법의 나라예요.
하트성
레스토랑
도서관
정원
음악관
인간, 동물, 요정, 마법사, 책 속의 인물 등 다양한 이들이 살고 있지요.

이상한 나라에서 가장 중요한 곳은 도서관이에요. 인간 세계와의 균형을 보여 주는 절대시계가 있거든요. 인간 세계가 흔들리면 여기도 무사하지 못해요.

도서관에 인간 세계로 넘어가는 시간의 문이 있다는 건 안 비밀!

껄껄

이상한 나라는 항상 평화로워요.
가끔 하트성에 사는 공주가 말썽을 일으킬 때 빼고는요.

엄마, 미워!

너 사춘기니?

오늘은 어떤 하루가 시작될까요?

덜 덜 덜

여행을 떠나요

야호!
드디어
휴가다~!

축하해,
이건 선물!
까야~
우아,
고마워~.
여행가니
좋냐~
응~
아주 좋아
히 히~

근데 휴가는
어디로 가?
그게….

튀르키예!
짜
잔

사실 난 유럽, 솔이는 아시아를 가고 싶었거든.
유럽!
아시아!

그때 도기가 나타나서 해결해 줬어.
유럽과 아시아를 모두 품은 튀르키예로 가면 되잖아!
와, 역시 넌 천재야!

그럼 다녀올게.
응, 몸 조심하고.

잠깐!
관장님?

큰일났다! 하트 공주가 또 몰래 책을 가져갔어!
네?
헉
헉

***튀르키예쉬 딜라이트** 옥수수 가루와 설탕 등으로 만든 튀르키예식 젤리.
***속임수** 남을 속이는 방법.

*술술 얽히거나 쌓였던 일이 쉽게 잘 풀리는 모양.

훈족, 유럽을 흔들다

*푹신 조금 푸근하게 부드럽고 탄력이 있는 느낌.

***근교** 도시의 가까운 변두리에 있는 마을이나 들.
***흔적** 어떤 것이 지나간 뒤에 남은 자국.

두
둥
웬 꼬마
녀석들이냐?
어디서
왔지?
으헉!
무, 무섭게 생긴
아저씨들이다!

사, 살려 주세요.
저흰 그냥 지나가던
길이에요.
싹
싹

왜 그렇게
겁을 내? 누가
해치기라도
한대?
우리가
무섭게 생겼나?
?
?

***약하다** 각오나 의지 따위가 굳지 못하고 여리다.
***천하무적** 세상에 겨룰 만한 적수가 없음.

***게르만족** 게르만 어파에 속한 언어를 쓰는 민족.

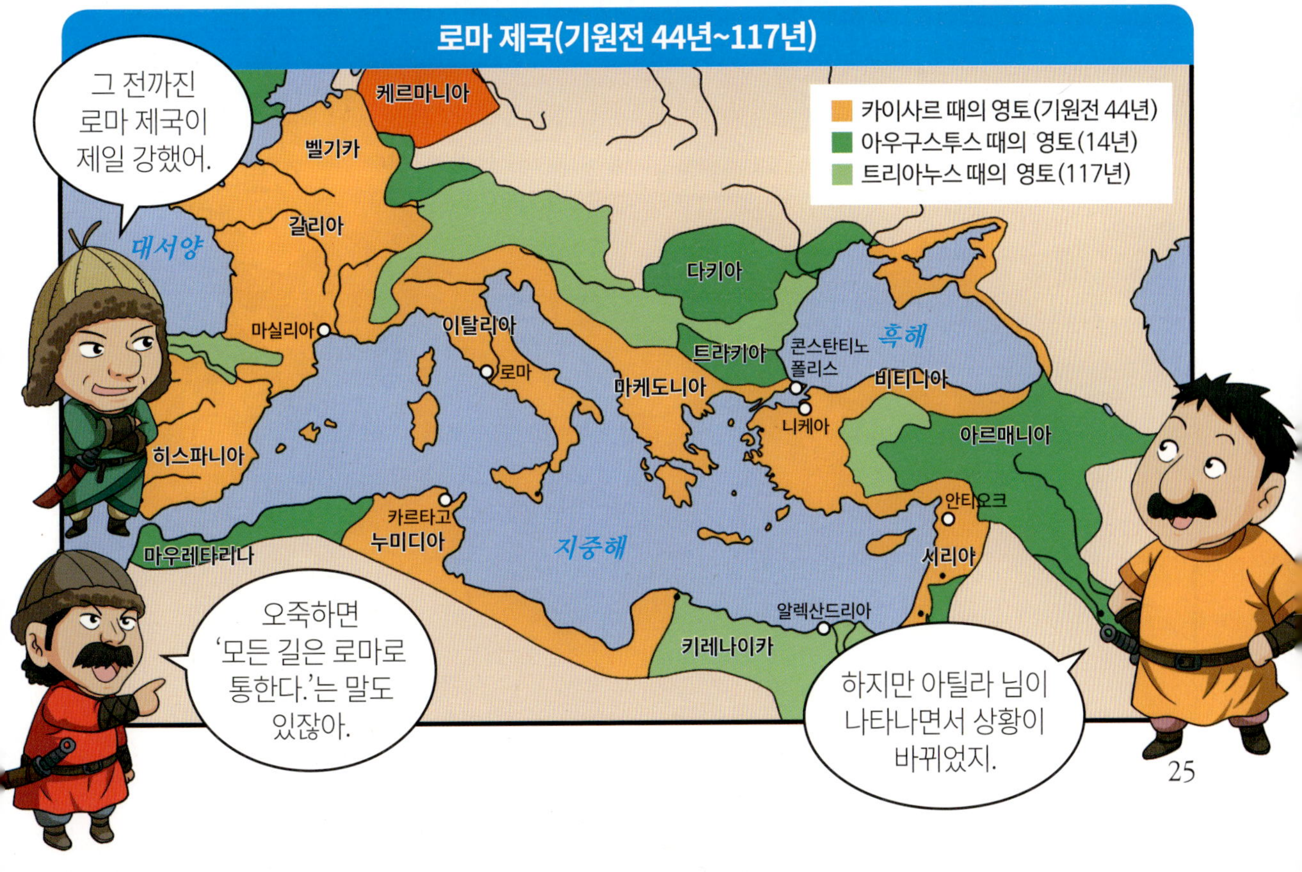

로마 제국(기원전 44년~117년)

아틸라 (406년?~453년)

5세기 무렵 유럽을 뒤흔든 훈족의 왕이에요. *숙부인 루아왕 손에서 자랐고,
형인 블레다가 갑자기 세상을 떠나면서 왕의 자리에 올랐어요. 유럽인들은
아틸라를 '로마 제국을 파괴한 야만인'으로 기록했어요. 하지만 왕이면서도
권위적이지 않고 사람들과 잘 어울렸다는 기록도 있어요. 정책을 결정할
때도 여러 의견을 들었고요. 흩어져 있던 훈족을 하나로 모아 로마 제국을
위협한 사실만 보아도 뛰어난 지도자였다는 것을 알 수 있습니다.

*숙부 아버지의 남동생을 이르는 말.
*착각 사실을 실제와 다르게 생각함.

***작전** 어떤 일을 이루기 위해 필요한 조취나 방법.
***피해** 생명이나 신체, 재산, 명예 따위에 손해를 입음.

***군견** 군사적 목적으로 특별히 훈련시킨 개.
***수** 일을 처리하는 방법이나 수완.

물어 와!
휙

텁

제법인데?
좀만 더 훈련시키면
되겠어.
이런 개는
흔치 않지.
아틸라 님도
좋아하시겠는데?
쓰담 쓰담
미안해…
움직이기 싫어하는
내가 군견이라니…
새로운 경험이군.
헉헉

*엄청 양이나 정도가 아주 지나친 상태.
*위압감 정신적으로 억눌리는 느낌.

***여쭤보다** '물어보다'의 높임말.
***주제넘다** 말이나 행동이 건방져 분수에 지나친 데가 있다.

*정복 남의 나라를 군사로 쳐서 복종시킴.
*빈틈 비어 있는 사이.

***리더십** 무리를 다스리는 지도자로서의 능력.
***사절단** 나라를 대표해 일정한 임무를 띠고 보내진 사람들.

*무시 사람을 깔보거나 업신여김.
*맞이하다 오는 것을 맞다.

*용맹 용감하고 사나움.
*투사 싸움터에서 싸우려고 나선 사람.

***지나가다** 어디를 거치거나 통과하여 가다.
***모처럼** 벼르고 별러서 처음으로.

*위기 위험한 고비나 시기.
*보태다 모자라는 것을 더하여 채우다.

＊**크리스트교** 예수 그리스도의 가르침을 따르는 종교.
＊**희생** 어떤 목적을 위하여 자신의 목숨이나 재산 따위를 바침.

***파괴** 조직 따위를 무너뜨림.
***통하다** 어떤 행위가 받아들여지다.

아, 안 돼요!
조용히 해. 이러다 우리까지 위험해져.
윱

게다가 우리는 사건에 끼어들면 안 되는 거 몰라? 역사가 바뀌면 어쩌려고!
그치만….

그만!
깜짝

나 역시 그대들의 깊은 역사와 신념을 존중하오.
전쟁만이 유일한 방법이라 생각하지도 않소.
서로마 제국을 공격하지 않겠소.
그게 정말입니까?

***멋지다** 썩 훌륭하다.
***꺼내다** 안에 든 물건을 밖으로 나오게 하다.

앗,
하트 공주가
숨어 있었어.

카드 마법
발동!
안 돼!
츄
아
앙

쿠
아
아
아
이건…
뭐지?
아틸라 님,
어서 피하세요!
아
악
파
앗

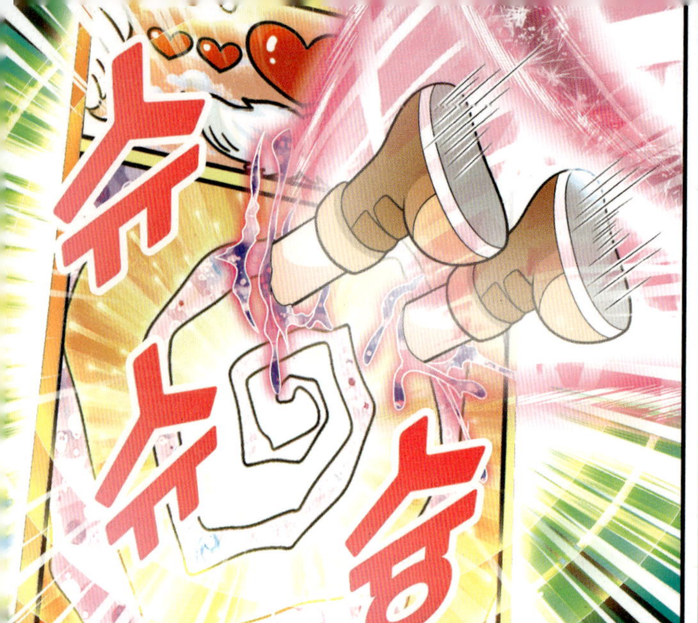

***마녀** 마술을 써서 사람에게 불행을 가져다주는 사람.
***처형** 죄인의 목숨을 끊는 벌을 줌.

시간의 문!

*피하다 숨거나 다른 곳으로 옮겨 드러나지 않도록 하다.
*봐주다 남의 입장을 살펴 이해하거나 잘못을 덮어 주다.

***오해** 그릇되게 해석하거나 뜻을 잘못 앎.

*보답 남의 호의나 은혜를 갚음.

흉노는 왜 이동했을까?

흉노는 중국 북쪽의 초원 지대에 살던 민족이에요. 해마다 추운 겨울이 되면 중국으로 내려가 식량을 빼앗았죠. 그런데 한나라가 등장하면서 상황이 바뀌었어요. 한나라는 온 힘을 다해 흉노를 공격하기 시작했고, 압박을 이기지 못한 흉노는 결국 서쪽으로 이동합니다. 한나라는 흉노에게 맞서려고 중앙아시아의 '대월지'라는 곳에 사신단을 보내기도 했어요. 비록 동맹을 맺진 못했지만, 이 사신단이 오갔던 길이 중국과 유럽을 잇는 비단길이 되었답니다.

흉노의 이동 경로

흉노는 오손 땅으로 이동하였다가 다시 아랄해 근처의 강거 땅으로 들어갔어요. 그리고 4세기 중반 더욱 서쪽으로 이동하였습니다.

늑대의 후손, 튀르크족

먼 옛날 흉노는 작은 부족으로 나뉘어 서로 다투었어요. 치열한 전투 끝에 한 아이가 겨우
살아남았는데, 신성한 늑대가 나타나 돌보았대요. 시간이 지나 늑대와 소년 사이에서
아들 열 명이 태어났고, 그중 막내의 후손이 튀르크 제국을 세웠다고 해요. 즉, 흉노에서 나온
튀르크족은 자신들이 살던 초원에서 가장 강한 동물인 늑대를 조상으로 여기고 있는 셈이에요.

튀르크족의 흔적

오랜 세월에 거쳐 서쪽으로 이동한 튀르크족은 중앙아시아 일대에 여러 나라를 세웠어요.
몽골의 대초원을 호령한 흉노 제국, 동서를 연결한 돌궐 제국, 유목 생활에서 정착하기 시작한
위구르 제국, 이슬람교로 개종한 셀주크 제국, 동로마 제국을 멸망시킨 오스만 제국 등 다양한
나라가 있었지요. 따라서 튀르크 문화는 튀르키예뿐만 아니라 중앙아시아 곳곳에 널리 퍼져
있어요. 중국에서 유럽으로 가는 길목에 위치한 곳, 즉 키르기스스탄, 카자흐스탄, 우즈베키스탄,
투르크메니스탄, 아제르바이잔 등에서 튀르크인과 튀르크어의 흔적을 쉽게 찾아볼 수 있답니다.

튀르크 문화가 남아 있는 나라

퀴즈 튀르크 문화를 찾아볼 수 없는 곳은?   ① 키르기스스탄   ② 부탄

아프라시압 궁전 벽화

중국은 후한이 멸망하고, 위진남북조 시대가 열려요. 수나라가 이 오랜 분열의 시기를 끝내고 중국을 하나로 통일합니다. 그리고 주변 나라를 압박하기 시작하지요. 당시 서쪽에는 튀르크족이, 동쪽에는 우리나라인 고구려가 있었어요. 튀르크족과 고구려는 수나라라는 공통된 적에 맞서기 위해 사신을 파견합니다. 1965년 우즈베키스탄 사마르칸트에서 나온 아프라시압 궁전 벽화에는 고구려에서 온 사신이 그려져 있어요. 교통이 발달하지도 않은 시대에 두 나라가 먼 거리를 오가며 교류했다니, 신기하지요?

아프라시압 궁전 벽화

고구려인이라는 근거

1. 검은 머리카락에 밝은 갈색 얼굴을 한 몽골 인종.
2. 새 깃으로 꾸민 관모 (삼국 시대에는 신분에 따라 새 깃으로 관모를 꾸미는 풍습이 있었음.)
3. 무릎까지 오는 윗옷, 헐렁한 바지, 검은색 띠 등이 삼국 시대 옷과 비슷함.
4. 당시 고구려인이 차던 검과 비슷함.

퀴즈 수나라를 견제하기 위해 고구려와 교류한 민족은?
① 튀르크족 ② 노르만족

동로마 제국을 무너뜨리다

*뒤죽박죽 여럿이 마구 뒤섞여 엉망이 된 모양.
*큰일 다루는 데 힘이 많이 드는 일.

*노예 남의 소유물로 되어 부림을 당하는 사람.
*순순히 성질이나 태도가 매우 고분고분하고 온순하게.

*상관 서로 관련을 가짐.
*약자 힘이나 세력이 약한 사람.

*전쟁 국가와 국가 사이에 군사를 써서 싸우는 일.
*술탄 오스만 제국의 황제.

***수도** 한 나라의 중앙 정부가 있는 도시.
***쑥덕거리다** 남이 알아듣지 못하도록 낮은 목소리로 이야기하다.

메흐메트 2세 (1432년~1481년)

오스만 제국의 제7대 술탄으로, 나라가 번영할 수 있는 기초를 다진 왕이에요. 천 년을 버틴 콘스탄티노폴리스를 무너뜨려 동로마 제국을 *멸망시켰어요. 도시를 점령한 뒤로도 관용 정책을 펼쳤지요. 누구나 약간의 세금을 내면 종교와 문화를 누릴 수 있도록 하고, 외국 상인들에게도 장사를 허용했습니다. 덕분에 다양한 종교와 국적을 가진 사람들이 몰려들어 인구가 늘고 도시가 번창했어요. 이후의 술탄들도 이 정책을 물려받아 오스만 제국은 오랫동안 번영할 수 있었답니다.

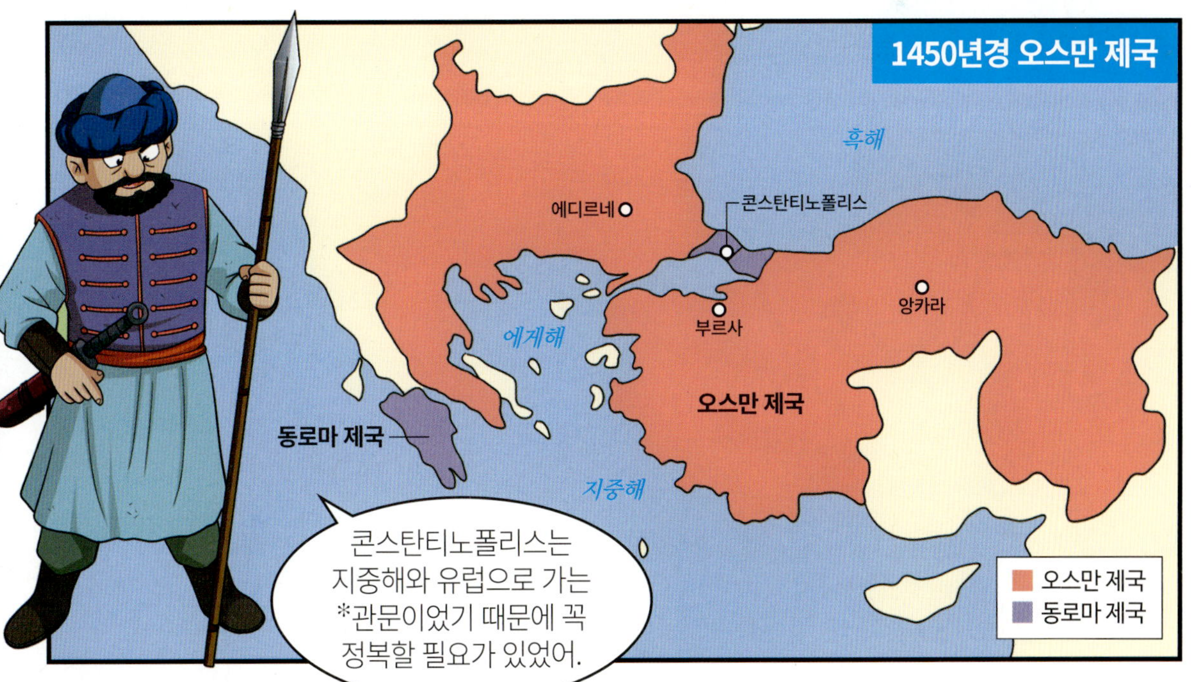

*멸망 망하여 없어짐.
*관문 국경이나 요새 따위를 드나들기 위하여 반드시 거쳐야 하는 길목.

***섣불리** 솜씨가 설고 어설프게.

67척이나 되는 배를 산으로 옮겨 바닷길을 뚫었단다.
헉! 배를 끌고 산을 넘었다고요?

※사공이 많으면 배가 산으로 간다더니….
그건 뜻이 좀 다르지만….

그렇게 콘스탄티노폴리스가 무너진 거야.
위대한 왕 메흐메트 2세의 손에 말이지!

메흐메트 2세 만세!
오스만 제국 만세!
자, 이제 우리가 얼마나 위대한지 알겠지?

다 다 다 다
헉! 저 녀석들이?
※사공 배를 부리는 일을 직업으로 하는 사람.

*감히 말이나 행동이 주제넘게.
*갈라지다 둘 이상으로 나누어지다.

으악!
팍

다른 쪽은 놓쳤어.
이 건방진 녀석! 감히 잔머리를 써?
으아, 어떡하지?
헉헉
척

넌 이제부터 내 노예다!
으아, 죄송해요! 살려 주세요!
잠깐!
번
쩍

＊**잔머리** 약고도 얕은 꾀.

*마음대로 하고 싶은 대로.
*물론 말할 것도 없음.

*찜하다 어떤 물건이나 사람을 자기의 것으로 하다.
*널리다 여기저기 많이 흩어져 놓이다.

*덩치 몸집.
*안심 모든 걱정을 떨쳐 버리고 마음을 편히 가짐.

***친위대** 임금 등을 안전하게 지키는 부대.
***정예** 썩 날래고 용맹스러운 군사.

***초상화** 사람의 얼굴을 중심으로 그린 그림.
***출신** 어떤 지방이나 파벌, 학교 따위에서 규정되는 신분 관계.

***부탁** 어떤 일을 해 달라고 청하거나 맡김.

*존경 남의 인격, 사상, 행위 따위를 받들어 공경함.
*약탈 폭력을 써서 남의 것을 억지로 빼앗음.

챙
이 건방진 녀석,
목숨이 아깝지
않은가 보구나!

멈춰라.

콘스탄티노폴리스는
천 년 넘게 동로마 제국의
수도였던만큼 오랜 역사와
문화를 갖고 있어요.
수백 년에 걸쳐
쌓아 올린 예배당과
궁전도 많고요.

용기가 제법이구나. 왜 그래야 하는지 말해 보아라.
만약 이유가 합당하지 않으면 죽음을 면치 못할 것이다.

이 유서 깊은 도시를 하루아침에 무너뜨려야 할까요?
같이 공존하면서 살아가는 방법은 없을까요?

***포상** 칭찬하고 장려하여 상을 줌.
***반발** 어떤 상태나 행동 따위에 대하여 거스르고 반항함.

***한창** 어떤 일이 가장 활기 있고 왕성하게 일어나는 때.
***전우** 전쟁에서 승리하기 위해 함께 싸우는 동료.

그대들의 마음은 알지만 우리는 더 가치 있는 걸 얻어야 한다.

천 년을 버틴 콘스탄티노폴리스를 무너뜨린 오스만 제국의 용사들이여! 이 위대한 승리는 제군들 것이다!
따라서 이 도시는 세계에서 가장 강한 나라의 수도가 될 자격이 있다.

오늘부터 이곳을 오스만 제국의 수도로 삼고, 이스탄불이라 부르겠다.
앞으로 이곳을 중심으로 동서를 연결해 가장 강하고 부유하게 만들 것이다.

*이슬람교 610년 아라비아의 예언자 마호메트가 창시한 종교.
*번영 번성하고 영화롭게 됨.

*일당 목적이나 행동 따위를 같이하는 무리.
*숨다 보이지 않게 몸을 감추다.

*끊기다 실이나 줄 따위로 이어진 것이 잘려 따로 떨어지다.
*변장 본래의 모습을 감추기 위해 머리나 얼굴, 옷차림 따위를 다르게 바꿈.

*발동 움직이거나 작용하기 시작함.
*최강 가장 강함.

***소개** 잘 알려지지 않은 사실이나 내용을 잘 알도록 설명함.

카드에서
*연기가 나는데?
앗!
푸
쉬
쉬
쉬

투
앙
안 돼~!

저 속에서
사… 사람이
나왔다!
믿어지지가
않아!

헉!
헉!
술탄도 이렇게
카드로*납치하려는
거예요!
하필
모모 카드를
꺼내다니….

*연기 무엇이 불에 탈 때 생기는 흐릿한 기체.
*납치 강제 수단을 써서 억지로 데리고 감.

저자를 *잡아라!
시, 시간의 문!
으아, 공주님! 어서 피하셔야 합니다.
저잉
우리도 따라가야 해!
모모 괜찮아?
으…응.

콰
앙
저건 또 뭐야?
슈
우
웅
후다닥
실례가 많았습니다. 안녕히 계세요.
슈
웅

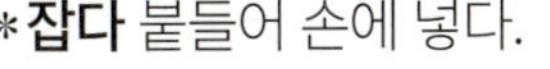

*잡다 붙들어 손에 넣다.

콘스탄티노폴리스는 어떻게 무너졌을까?

천혜의 요새라고 불렸던 동로마 제국의 수도, 콘스탄티노폴리스는 어떻게 무너졌을까요?
이 도시의 육지 쪽은 삼중의 성벽으로 둘러싸여 있고, 바다 쪽 통로는 쇠줄에 막혀 배가 들어갈
수 없었어요. 하지만 메흐메트 2세는 포기하지 않고 방법을 생각해 냈어요. 헝가리 사람인
우르반에게 거대한 대포를 사서 성벽을 공격하고, 배를 산으로 옮겨 바다를 건넜습니다.
바닥에 기름칠한 통나무를 깔아 배를 끌어당긴 거예요. 밤새 산을 넘어온 오스만 제국의 배를
본 동로마 제국의 병사들은 깜짝 놀랄 수밖에 없었지요. 천 년을 버틴 동로마 제국의 수도는
그렇게 무너지고 말았답니다.

콘스탄티노폴리스 구조

그랜드 바자르

'그랜드 바자르'는 이스탄불에 있는 세계 최대 규모의 시장이에요. 튀르키예어로 '카팔르 차르싀'
라고 하며, '지붕이 있는 시장'이라는 뜻이지요. 예로부터 이스탄불은 아시아와 유럽 각지에서
몰려온 상인들로 북적거렸어요. 중국에서 시작된 비단길의 끝이자, 지중해에서 유럽으로 가는
시작이었기 때문이에요. 메흐메트 2세는 도시의 번영을 위해 상업 활동을 적극적으로
장려했어요. 눈이나 비가 와도 거래할 수 있도록 아케이드(지붕)를 설치하고, 숙소와 식당을
마련해 주었습니다. 덕분에 그랜드 바자르는 동서양 문물이 활발히 거래되는 무역의 중심지로
발전할 수 있었답니다.

이탈리아에서 시작된 르네상스 운동

서로마 제국이 망한 뒤, 동로마 제국은 고대 그리스·로마 문화를 간직한 유일한 나라였어요.
그런데 1453년 동로마 제국마저 무너지자, 몇몇 학자들은 책을 갖고 이탈리아로 건너갑니다.
이들을 중심으로 고대 그리스·로마 문화에 대한 관심이 높아지며 르네상스 운동이 시작되지요.
'부활', '부흥'이라는 뜻의 르네상스는 고대 그리스·로마의 인간 중심 문화를 되살린다는 의미예요.
이탈리아에서 시작된 변화는 알프스산맥을 넘어 전 유럽으로 퍼져 나갔답니다.

시대별 <삼미신(三美神)>

고대
폼페이 벽화
(1세기경)

중세 시대
파치노 디 보나구이다
(1335년~1340년작)

르네상스 시대
페테르 파울 루벤스
(1636년~1638년작)

퀴즈 르네상스 운동이 시작된 곳은? ① 이스탄불 ② 이탈리아

조선의 양탄자, 조선철

<알라딘과 요술 램프>에는 하늘을 나는 양탄자가 나오지요? 이 양탄자를 처음 만든 나라가
튀르키예예요. 튀르키예에서 시작되어 전 세계로 뻗어 나갔지요. 우리나라는 삼국 시대부터
염소나 양, 산양의 털을 이용해 양탄자를 만들었어요. 조선에서 만든 양탄자를 '조선철'이라고
해요. 주로 양반 집에서 깔개나 칸막이, 바람막이 등으로 쓰이다가 점차 온돌이 널리 퍼지면서
덜 사용했대요. 일본에는 조선 통신사를 통해 수입했던 조선철이 아직 남아 있다는데, 정작
우리나라에는 남아 있지 않다니 조금 아쉽네요.

퀴즈 양탄자를 처음 만든 나라는?   ① 튀르키예   ② 조선

동서를 연결하다

***괘씸하다** 남에게 예절이나 신의에 어긋난 짓을 당하여 분하고 밉살스럽다.
***방해** 남의 일을 간섭하고 막아 해를 끼침.

이번엔 누군데?
맘에 꼭 드실 거예요.

오스만 제국의 최전성기를 이끈 술탄입니다.

흥미롭군. 계속해 봐.
네, 공주님.

오스만 제국의 제10대 술탄인 술레이만 1세는
키가 크고 강인하며 똑똑하고 판단력도 뛰어났대요.

펑
펑
그는 막강한 해군을 키워 지중해를 장악했어요.
빈
헝가리
불가리아
흑해
카스피해
알바니아
이스탄불
그리스
앙카라
알제리
지
중
해
메소포타미아
예루살렘
바그다드
튀니지
카이로
페르시아만
이집트
홍해
오스만 제국이 유럽, 아시아, 아프리카 세 대륙에 걸쳐질 만큼 영토를 확장했죠.
이는 오스만 제국 역사상 최고의 *성과였어요.
■ 오스만 1세 (1299년~1326년)
■ 메흐메트 2세 (1451년~1481년)
■ 술레이만 1세 (1520년~1566년)
■ 최대 영토 (1683년)

***성과** 이루어 낸 결실.

술레이만 1세 (1520년~1566년)

오스만 제국의 제10대 술탄이에요. 왕이 되자마자 활발한 정복 활동을 벌여 오스만 제국의 영토를 크게 넓혔어요. 이 넓은 영토에는 이슬람교, 크리스트교, 유대교 등 다양한 사람들이 살았겠지요? 그는 이들이 모두 받아들일 수 있는 공평한 법을 만들어 발표했습니다. 또한 튀르크족이나 이슬람교도가 아니더라도 사회 지배층으로 올라갈 수 있도록 했지요. 덕분에 오스만 제국은 최고의 전성기를 맞이할 수 있었답니다.

*장악 손안에 잡아 쥔다는 뜻으로, 무엇을 마음대로 할 수 있게 되는 것.
*실패 일을 잘못하여 그르침.

***정식** 정당한 격식이나 의식.

***아직** 어떻게 되기까지 시간이 더 지나야 함.
***숲** 나무들이 꽉 들어찬 곳.

* **시대** 지금 있는 그 시기.
* **바닥** 평평하게 넓이를 이룬 부분.

*살리다 잃어 가던 생명을 다시 지니게 하다.

***구덩이** 땅이 움푹하게 파인 곳.
***밧줄** 지푸라기 따위를 세 가닥으로 굵게 꼰 줄.

*무르다 여리고 단단하지 않다.
*까딱하다 움직이면 안 될 것이 조금이라도 움직이다.

*자비 남을 깊이 사랑하고 가엾게 여김.
*운 어떤 일이 잘 이루어지는 운수.

***오도 가도 못하다** 이러지도 저러지도
못하다.

***함정** 짐승 따위를 잡으려고 땅바닥에 구덩이를 파고 풀이나 막대 따위로 덮어놓은 것.
***귀족** 가문이나 신분 따위가 좋아 정치적·사회적 특권을 가진 계층.

***차별** 둘 이상의 대상을 등급이나 수준 따위로 차이를 두어 구별함.
***은인** 자신에게 은혜를 베푼 사람.

*왕권 임금이 지닌 권력이나 권리.
*꾀어내다 꾀를 쓰거나 유혹하여 있던 곳에서 어느 곳으로 나오게 하다.

***경비** 도난이나 침략이 일어나지 않도록 미리 살피거나
  그런 일을 하는 사람.

***내놓다** 물건을 밖으로 옮기거나 꺼내 놓다.

***구하다** 위태롭거나 어려운 지경에서 벗어나게 하다.
***산책** 휴식을 취하거나 건강을 위해서 천천히 걷는 일.

*평범하다 뛰어나거나 색다른 점이 없이 보통이다.

＊**이방** 인정, 풍속 따위가 전혀 다른 남의 나라.
＊**빠지다** 무엇에 정신이 아주 쏠리어 헤어나지 못하다.

***닭살** 털을 뽑은 닭의 껍질같이 오톨도톨한 사람의 살갗.
***낭만** 감미롭고 감상적인 분위기.

***보호** 위험이 미치지 않도록 잘 보살펴 돌봄.
***성대하다** 행사의 규목가 풍성하고 크다.

*초대 어떤 모임에 참가해 달라고 청함.
*보상 어떤 것에 대한 대가로 갚음.

법이 공정해야 모두 자유롭게 경제 활동을 할 수 있다!
그는 나라가 부강해지려면 우선 법이 바로 서야 한다고 생각했어요.
오, 그를 데려오면 내 왕국에 법을 세울 수 있겠군.
와아
와아

지금이 기회입니다!
네, 예술가로 변장해서 접근하는 거예요.
좋아!

간만에 실력 좀 뽐내 볼까? 오호호호.
우리가 하는 게 나을지도….
캬
캬
캬

*연주 악기를 다루어 곡을 표현하거나 들려주는 일.
*곡 작곡된 음악 작품.

자, 다음은 멋진 시를 낭송할 아리따운 여성 시인입니다.
?
?
?
빼꼼
빼꼼

정말 하트 공주가 올까?
술탄을 노린다면 좋은 기회야. 샅샅이 찾아봐.

두
오 호 호
이스마일 하트!
네, 바로 나예요!
둥
와아
하트 공주?

***질투** 다른 사람이 잘되는 것을 미워하고 깎아내리려 함.
***형편없다** 결과나 상태 따위가 매우 좋지 못하다.

*모독 말이나 행동으로 더럽혀 욕되게 함.
*성공 목적하는 바를 이룸.

아니, 어떻게 된 거지?
그건 나를 대신해 만든 나무 인형이야!

후후, 트로이 목마 작전 대성공!
도기!

내가 미리 귀띔해서 록셀라나가 가짜 인형을 준비해 뒀어.
정말 대단해!

으, 정말 인형이잖아?
인형

공주님 일단 피하시죠.
짜증 나!
시간의 문!

*찢다 물체를 잡아당기어 가르다.

지중해를 장악하다

술레이만 1세는 끝없이 영토를 넓혀 나갔어요. 바다로도 진출해 지중해의 섬들을 하나둘씩 차지했죠. 그러자 이슬람 세력이 커지는 것을 경계한 로마의 교황은 베네치아 공화국과 신성 동맹을 맺고, 오스만 해군에 맞서기로 해요. 두 해군은 1538년 프레베자라는 지역에서 충돌합니다. 하지만 수적 우세에도 불구하고 신성 동맹군이 크게 패배해요. 이때부터 지중해는 오스만 제국의 지배를 받아요. 동서양을 잇는 육지의 비단길과 더불어 바다까지 장악하게 된 오스만 제국은 교역을 통해 큰 이익을 보게 되었습니다.

술레이만 1세의 영토 확장

세계 최초의 군악대, 메흐테르

오스만 제국은 정복한 기독교 지역에서 소년을 뽑아 이슬람교로 개종시켰어요. 그리고
군인으로 훈련시켜 '예니체리'라는 부대를 만들었습니다. 이 안에는 음악을 연주하는
'메흐테르'라는 부대도 있었어요. 세계 최초의 군악대인 셈이지요.
그들은 평상시에 왕의 즉위식 같은 행사에서
연주하다가 전쟁에 나갈 때면 병사들의 발걸음에
맞춰 힘찬 행진곡을 연주했어요. 싸웠다 하면
승리하는 오스만군이니, 적군들은 음악이 아니라
공포의 소리였겠지요? 술레이만 1세가
오스트리아를 공격한 적이 있어요.
이를 토대로 오스트리아의 유명한 작곡가
모차르트는 '튀르키예 행진곡'을 만들었답니다.

행진하는 메흐테르를 그린 그림

오스트리아, 오스만군을 막아 내다

술레이만 1세가 헝가리를 무너뜨리자, 옆 나라인 오스트리아는 두려움에 떨었어요. 아니나 다를까 오스만군은 곧장 오스트리아의 수도인 빈으로 달려갔습니다. 빈 성을 지키는 오스트리아군은 2만에 불과했죠. 그런데 하늘이 오스트리아를 도왔어요. 춥고 흐린 날씨가 이어지면서 오스만군이 자랑하는 무거운 대포는 진흙 길에 빠져 사용할 수가 없었어요. 식량도 제때 도착하지 못했죠. 결국 술레이만 1세는 포위를 풀고 돌아가야만 했습니다. 이 승리로 오스트리아는 유럽을 지키는 방파제 역할을 하게 되었어요. 약 150년 뒤, 또다시 오스트리아 공략에 실패한 오스만 제국은 점점 약화되었답니다.

빈 성을 에워싼 오스만군을 그린 그림

퀴즈 오스만 제국이 헝가리를 무너뜨리고 달려간 나라는?
① 러시아 ② 오스트리아

커피를 사랑한 고종

오스만군이 오스트리아에서 철수할 때 놓고 간 게 있어요. 바로 커피예요. 당시 오스만 사람들은
커피를 즐겨 마셨는데, 서둘러 돌아가느라 커피를 놓고 간 거예요. 이때 처음으로 유럽에 커피가
알려지며 전 세계로 퍼져 나갔어요. 우리나라에는 조선이 개항하면서 커피가 전해졌습니다.
커피의 발음을 본따 '가비', '가배'라고 불렀지요. 고종은 러시아 대사관에서 처음 커피를
맛본 뒤로, 푹 빠져들었어요. 아들인 순종도 커피를 무척 좋아했대요. 이후 우리나라에 미군이
들어오면서 미국 문화와 함께 커피를 즐기는 문화가 널리 퍼졌어요. 오늘날 한국인이 가장
좋아하는 음료 중 하나가 커피랍니다.

퀴즈 조선 시대에 커피를 불렀던 이름은?　① 가비　② 나비

변화를 위한 몸부림, 탄지마트 개혁

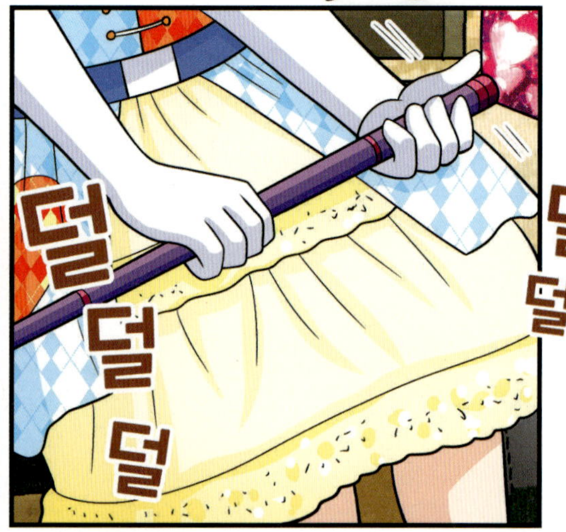

*살살 살그머니 행동하는 모양.
*몰다 탈 것을 부리거나 운전하다.

***참다** 충동을 억누르고 다스리다.
***답답하다** 애가 타고 갑갑하다.

압둘메지드 1세 (1823년~1861년)

오스만 제국의 제31대 술탄이에요. 안팎으로 위기인 시기에 유럽의 제도와 정책을 도입해 사회를 바꾸려고 했어요. 행정, 토지, 군대, 교육 등 여러 방면에서 개혁을 추진했으며, 이를 '탄지마트 개혁'이라고 해요. 비록 변화를 받아들이지 못하는 관료와 계속되는 서구 열강의 침입 등으로 성공하지 못했으나, 이 새로운 교육을 받은 젊은이들이 자라나 점차 사회 개혁을 추진할 수 있는 바탕이 되었답니다.

*능력 일을 감당해 낼 수 있는 힘.
*시련 겪기 어려운 고비.

*세력 권력이나 기세의 힘.
*대가 노력이나 희생으로 얻게 되는 결과.

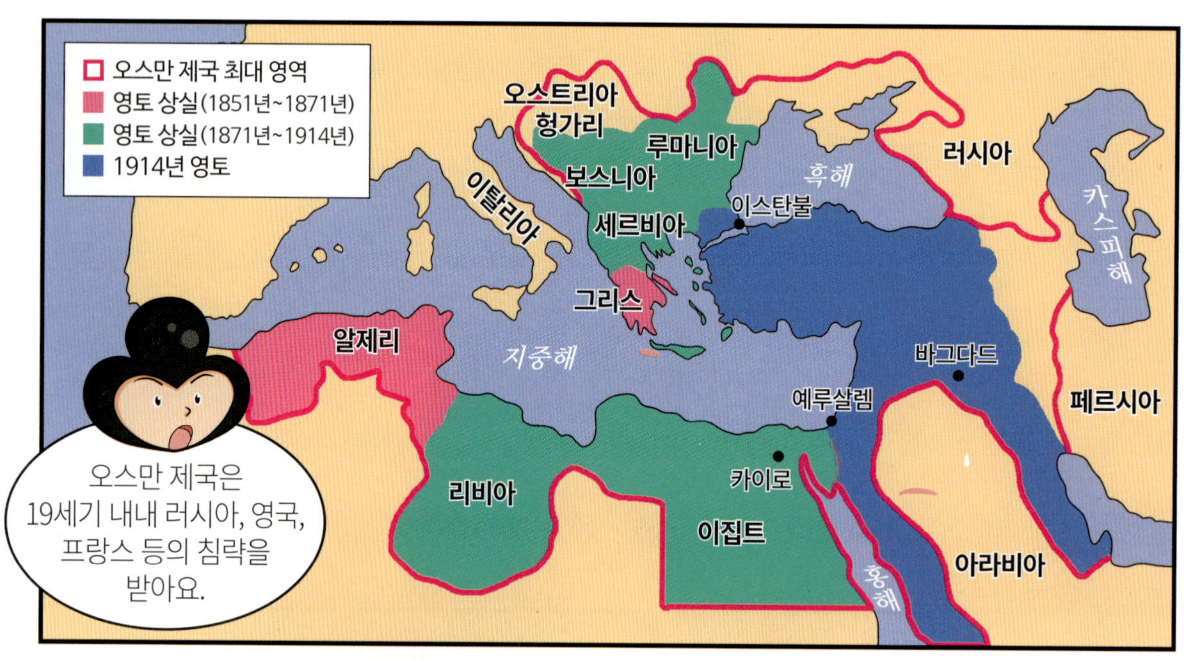

*강대국 병력이 강하고 영토가 넓어 힘이 센 나라.
*동네북 여러 사람이 두루 건드리며 만만하게 보는 사람.

*추천 어떤 조건에 맞는 대상을 책임지고 소개함.
*변덕 이랬다저랬다 잘 변하는 태도나 성질.

*흩어지다 한데 모였던 것이 따로 떨어지다.
*외곽 성 밖으로 다시 둘러쌓은 성.

***외무** 다른 나라와 관계를 맺는 외교에 관한 일.
***중대** 가볍게 여길 수 없을 만큼 매우 중요하고 큼.

***불안** 마음이 편하지 아니하고 조마조마함.
***일리** 어떤 면에서 그런대로 타당하다고 생각되는 이치.

***한가하다** 겨를이 생겨 여유가 있다.
***잊다** 기억해 두어야 할 것을 한순간 미처 생각하여 내지 못하다.

130

***반발** 어떤 상태나 행동에 대해 거스르고 반항함.
***만만하다** 무서울 것 없이 쉽게 다루거나 대할 만하다.

***포기** 하려던 일을 도중에 그만두어 버림.

*하룻밤 해가 지고 나서 다음 날 해가 뜰 때까지의 동안.
*버티다 주위 상황이 어려워도 굽히지 않고 맞서 견디다.

웅성
웅성
응?

일어나 봐!
벌떡
으음…

*일찍부터
사람들이
모이고 있어.
무슨
일이지?
웅성
웅성

***끼이다** 무리 가운데 섞이다.
***정숙** 조용하고 엄숙함.

*평안히 걱정이나 탈이 없이.
*한숨 잠깐 동안의 휴식이나 잠.

136

＊**패배** 겨루어서 짐.
＊**해이하다** 긴장이나 규율 따위가 풀려 마음이 느슨하다.

*고집 자기 의견을 바꾸거나 고치지 않고 굳게 버팀.
*정책 정치적 목적을 실현하기 위한 방책.

지금부터 종교에 상관없이 모든 시민의 생명과 재산을 똑같이 보호할 것이다.
공개 재판 없이는 아무도 함부로 처벌할 수 없다.
척
오우~
세금은 재산의 규모에 따라 공평하게 매길 것이다.
오오~
이것을 탄지마트 개혁이라 부르겠다. 모두 잘 따라 주길 바란다.

***인정** 확실히 그렇다고 여김.
***억울** 아무 잘못 없이 벌을 받아 분하고 답답함.

***차별** 둘 이상의 대상을 각각 등급이나 수준 따위의 차이를 두어서 구별함.

***잘잘못** 잘함과 잘못함.

*사자 명령이나 부탁을 받고 심부름하는 사람.
*거두다 하던 일을 멈추거나 끝내다.

*의지하다 다른 것에 마음을 기대어 도움을 받다.

공주님,
이런 때일수록
침착해야 합니다.
네, 강하게
밀어붙이세요!
감히
신의 사자를
의심해?

오스만 시민들이여,
신에게 선택받고
싶은가?
파
그렇다면
저들의 입부터
막아라.
밧
우읍!

이, 이러지 마세요.
스멀 스멀
스멀 스멀
다 거짓말이라고요.

어쩌지? 우리 말을 믿지 않아.

다들 여기 좀 보세요.

이 날개가 진짜일까요? 가짜일까요?
헉!
펄럭
펄럭

아니, 이게 언제 떨어졌지?
고, 공주님….
터엉

감히 신성한 궁전에서 장난을 쳐?
으드득

이자들을 당장 잡아 묶어라!
헉!

웅성
웅성
최악의 상황이에요….
으….
어서 피해야겠어요.

*탈출 어떤 상황에서 빠져나옴.
*식은 죽 먹기 거리낌 없이 아주 쉽게 예사로 하는 모양.

근데 탄지마트 개혁은 어떻게 됐어?
지금 찾아볼게.
안타깝게도 관료들의 반대와 유럽의 간섭으로 성공하지 못했대.
파
아
아
하지만 이 새로운 교육을 받고 자란 젊은이들이 훗날 개혁의 밑바탕이 되었대.
오, 어려워도 시도한 보람이 있네!
듣고 보니 더 감동이야.
슈
슈
슝

유럽의 병자

"여러 제국 가운데 병자가 있다."
19세기 러시아 황제가 영국 대사를 만났을 때 한 말이에요. 강대국 사이에 끼어 쩔쩔매는
오스만 제국을 빗댄 거죠. 당시 오스만 제국은 안팎으로 위기였어요. 안에서는 그리스와
이집트가 반란을 일으켜 독립했고, 밖에서는 러시아, 프랑스 등이 끊임없이 침략해 왔지요.
이런 상황을 두고 러시아 황제가 공공연한 자리에서 오스만 제국을 비웃은 거예요.
한때는 전 유럽을 두렵게 했던 오스만 제국이 어쩌다 이렇게 됐을까요? 이러한 위기를
극복하려고 압둘메지드 1세가 탄지마트 개혁을 시작한 거랍니다.

돌마바흐체 궁전

유럽의 제도와 문물을 받아들이고 싶었던 압둘메지드 1세는 궁전도 새로 지었어요. 프랑스의 대표적인 건축물인 베르사유 궁전을 본떠 돌마바흐체 궁전을 지었습니다. '정원으로 가득한 곳'이란 뜻의 이 궁전은 250개가 넘는 방과 43개의 홀이 있어요. 각 방은 세계 각국에서 보낸 보석과 도자기, 그릇 등으로 화려하게 꾸며져 있지요. 하지만 안타깝게도 오스만 제국이 세운 마지막 궁전이 되었어요. 궁전을 지으면서 들어간 막대한 돈이 오스만 제국을 더욱 어렵게 만들었다고 하네요.

러시아의 남하 정책

러시아는 세계에서 가장 넓은 영토를 갖고 있어요. 하지만 국토의 대부분이 추운 북쪽에 있어 겨울에는 항구가 얼어붙어요. 항구가 얼면 배가 드나들 수 없기 때문에, 식민지를 개척하던 러시아에게는 큰 문제가 아닐 수 없었죠. 1년 내내 얼지 않는 항구를 부동항이라고 하는데, 러시아는 부동항을 갖기 위해 따뜻한 남쪽으로 내려가기로 해요. 이렇게 러시아가 남쪽으로 영토를 넓히려는 것을 '남하 정책'이라고 합니다. 크림반도를 두고 오스만 제국과 싸움을 벌인 것도 모두 부동항을 얻기 위해서였어요. 러시아는 크림반도를 통해 흑해와 지중해를 거쳐 세계로 뻗어 나가려 했답니다.

조선의 변화를 꿈꾼 유길준

우리나라도 외국과 교류하여 사회가 변해야 한다고 생각하는 사람이 있었어요. 우리나라 최초로 일본으로 유학을 다녀왔던 유길준도 그런 사람이었어요. 그는 일본이 빠르게 부강해진 건 서구의 제도와 법률을 받아들였기 때문이라고 생각했어요. 그래서 1883년 미국에 첫 조선 사신단으로 파견되었을 때, 동료들과 함께 돌아오지 않고 홀로 남아 서구 문물을 더 배우기로 합니다. 그는 약 2년여간 미국과 유럽을 돌아보고 와서 자신이 보고 느낀 것을 알리기 위해 '서유견문록'이라는 책을 썼어요. 말도 통하지 않는 곳에 홀로 남아 세계를 돌아보다니, 용기가 대단한 사람이에요.

튀르키예의 아버지

*이리 이곳으로.
*하마터면 조금만 잘못하였더라면!

***갈리폴리반도** 튀르키예 서부의 다르다넬스 해협에 면한 반도. '겔리볼루반도'라고도 함.
***전략적** 전쟁을 전반적으로 이끌어 가는 방법이나 책략에 관한 것.

***다르다넬스 해협** 갈리폴리반도와 소아시아반도 사이에 있는 좁고 긴 해협.
***물자** 어떤 활동에 필요한 여러 가지 물건이나 재료.

***사기** 의욕이나 자신감 따위로 충만하여 굽힐 줄 모르는 기세.
***백전백승** 싸울 때마다 다 이김.

무스타파 케말 (1881년~1938년)

군인 출신이었던 케말은 제1차 세계 대전의 크고 작은 전쟁에서 승리했어요. 하지만 결국 오스만 제국이 패배하면서 연합국이 영토를 서로 나눠 가지려 합니다. 술탄은 이를 막을 힘이 없었죠. 이에 케말이 나서서 독립운동을 이끌고, 민주주의에 바탕을 둔 이슬람 국가를 만들려고 노력했어요. 그것이 오늘날 튀르키예 공화국이 되었지요. 그의 이름 뒤에 붙는 '아타튀르크'는 '튀르키예의 아버지'란 뜻으로, 의회에서 그의 공을 기리기 위해 붙인 존경의 칭호랍니다.

*왕정 왕이 나라의 모든 일을 다스리는 정치.
*공화정 국민이 대표자를 뽑아 주권을 행사하는 정치.

*지휘 목적을 효과적으로 이루기 위하여 단체의 행동을 통솔함.
*파편 깨어지거나 부서진 조각.

척
좋은
아침입니다,
장군님!
장…군님?
전쟁터에
웬 아이들인가?
휙
두
흐음
둥
이분이
게말 장군님?
길을
잃었다고 합니다.
지금 막 돌려보낼
참입니다.

*밑거름 어떤 일을 이루는 데 기초가 되는 요인.
*위력 상대를 압도할 만큼 강력함.

***완전히** 필요한 것이 모두 갖추어져 모자람이나 흠이 없이.

***상황** 일이 되어 가는 과정이나 형편.
***위험** 해로움이나 손실이 생길 우려가 있음.

*참 무엇을 하는 경우나 때.
*따끔 찔리거나 꼬집히는 것처럼 아픈 느낌.

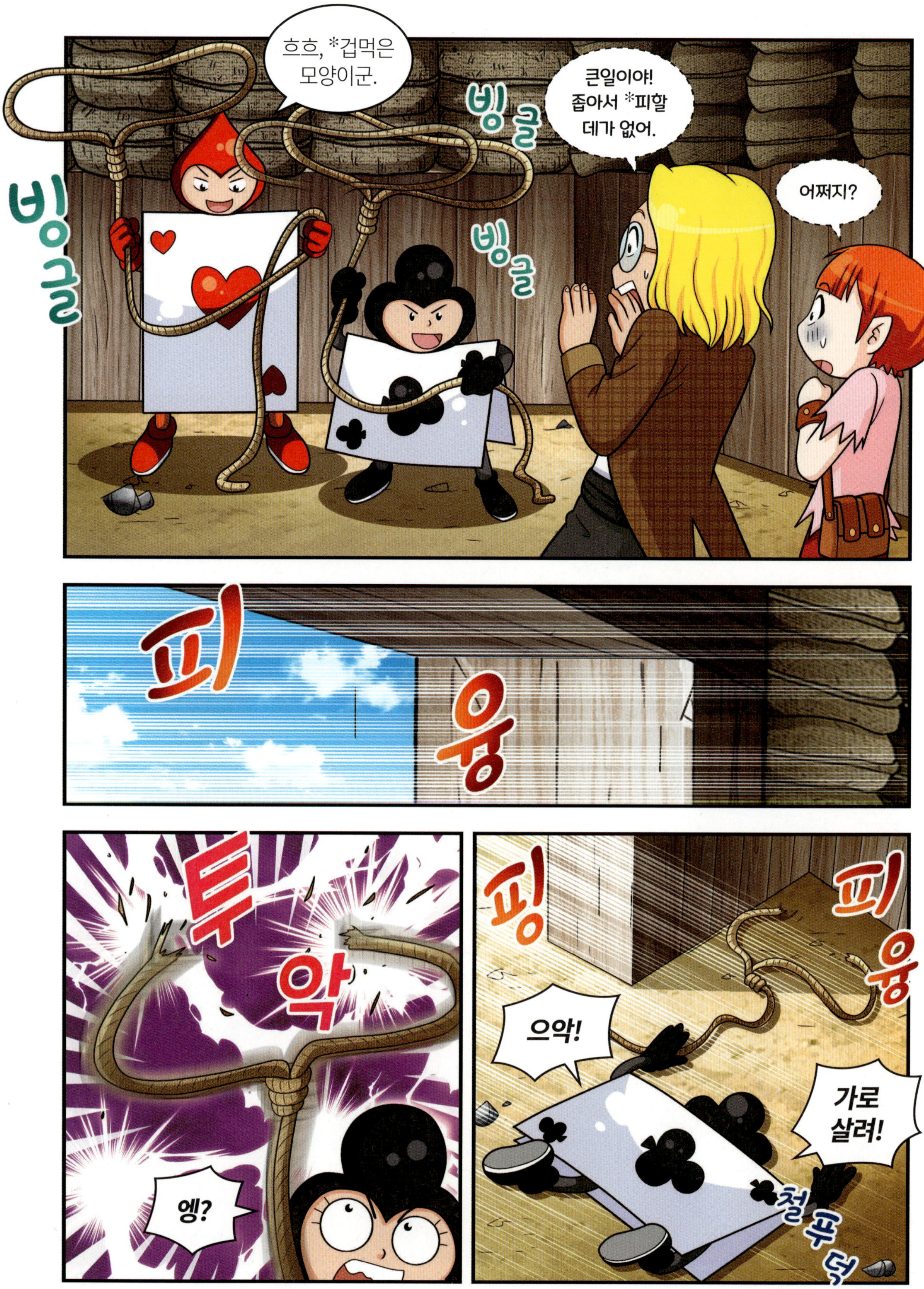

***겁먹다** 무섭거나 두려워하는 마음을 가지다.
***피하다** 몸을 숨기다.

***총알** 총을 쏘았을 때에 총구멍에서 나와 목표물을 맞히는 물건.
***시점** 시간의 흐름 가운데 어느 한 순간.

스
팟
쿠
쿠
쿠
헉,
주변이 온통
바다야.
배 한가운데에
떨어졌나봐!
끄덕
끄덕

*꼴 사람의 모양새나 행태를 낮잡아 이르는 말.
*꿩 먹고 알 먹다 한 가지 일로 두 가지 이상의 이익을 보다.

***낯** 눈, 코, 입 따위가 있는 얼굴의 바닥.
***예상** 어떤 일을 직접 당하기 전에 미리 생각하여 둠.

***몰래** 남이 모르게 살짝.
***장하다** 마음이 흐뭇하고 자랑스럽다.

*항전 적에 대항하여 싸움.
*본국 자기 나라.

*말리다 다른 사람이 하고자 하는 어떤 행동을 못 하게 방해하다.
*연안 강이나 호수, 바다를 따라 잇닿아 있는 육지.

쉬
릭
쉬
끼
릭
이대로 내 조국이
무너지는 걸 보고만
있을 순 없다!
두
우
와
아
둥
나 무스타파 케말은
끝까지 싸우려는 형제들과 함께
독립 전쟁을 시작한다!

*독립군 나라의 독립을 위하여 싸우는 군대.
*망설이다 이리저리 생각만 하고 태도를 결정하지 못하다.

두

둥

*쏘다 대포나 총 따위를 목표를 향해 발사하다.
*이까짓 겨우 이만한 정도의.

튀르키예의
아버지가 될
무스타파 케말
아타튀르크!
척
이제 나의
충직한 신하가
되어라!
쉬
익
이, 이게
무슨?
우
웃
빠
깍
악
파
팟

이게
무슨 짓이야?
혼나고 싶어?
뒤부터
돌아보시죠!
척
쉬
툭
이
익
뭐,
뭐야?
쉬
이
익
스
파
바
밧
꺄아아아악!

투
까악
캉
고,
공주님!
퉁
하트 공주
웅
성
웅
성
웅
성
178

*영원히 끝없이 이어지는 상태로.
*꺼내다 속에 든 물건을 밖으로 나오게 하다.

*유혹 꾀어서 정신을 혼미하게 함.

*달콤하다 감칠맛이 있게 달다.
*감동 크게 느끼어 마음이 움직임.

갈리폴리 전투

무스타파 케말은 갈리폴리 전투를 통해 영웅으로 떠올랐어요. 제1차 세계 대전 당시, 영국과 프랑스 연합국은 오스만 제국의 갈리폴리반도에 상륙했습니다. 이곳을 지나 독일군을 공격할 작정이었지요. 연합군은 25만 명에 이르는 대군이었고, 케말이 이끄는 오스만군은 1만 4천 명에 불과했어요. 하지만 케말은 익숙한 지형과 거친 바다의 조류를 잘 이용해서 전투를 승리로 이끌었습니다. 이 소식을 들은 이스탄불 사람들은 안도하며 무스타파 케말을 외쳤어요. 열두 척의 배로 수백 척의 일본군을 무찌른 이순신 장군처럼, 불리한 조건 속에서도 승리한 무스타파 케말은 오스만 제국의 영웅으로 떠올랐답니다.

갈리폴리반도는 지중해에서 흑해로 들어가는 입구의 조그만 반도예요. 갈리폴리반도를 가로지르는 다르다넬스 해협은 좁은 구간이 1km정도 밖에 안 될 만큼 협소한 해협입니다. 이곳이 뚫리면 오스만 제국의 수도인 이스탄불까지 곧장 진격할 수 있기 때문에, 꼭 지켜야만 하는 곳이었어요.

퀴즈 갈리폴리 전투에서 승리한 나라는?　① 오스만 제국　② 영국

서구화 바람이 불다

튀르키예의 첫 대통령이 된 무스타파 케말은 빠르게 서구화를 추진했어요. 여자들은
더 이상 히잡을 쓰지 않았고, 남자들도 전통적인 모자인 '페즈' 대신 '샤프카'라는 서양식 모자를
썼습니다. 또한 서양 알파벳을 바탕으로 새로운 튀르키예 문자를 만들어 발표했지요. 덕분에
누구나 쉽게 튀르키예어를 읽고 쓸 수 있게 되었어요. 이처럼 다양한 시도를 통해 튀르키예는
점점 민주적이고 서구화된 국가로 변해 갔답니다.

 무스타파 케말이 추구한 것은?　① 동양화　② 서구화

제1차 세계 대전

20세기 들어 뒤늦게 식민지 경쟁에 뛰어든 독일은 이미 많은 식민지를 차지한 영국과 프랑스에 불만이 많았어요. 그러다 1914년 황태자가 세르비아 청년에게 암살된 사건을 이유로 오스트리아가 세르비아를 침략하면서 제1차 세계 대전이 일어납니다. 독일·오스트리아· 이탈리아가 뭉친 동맹국과 영국·프랑스·러시아가 뭉친 연합국 사이의 싸움이었죠. 러시아의 침략을 두려워 하던 오스만 제국은 독일 편에 서서 전쟁에 참여했어요. 1914년에서 1918년까지 계속된 이 전쟁으로 3천만 명이 넘는 사상자가 발생했지요. 오스만 제국은 패전국이 되어 많은 영토를 잃었고요. 이는 곧 튀르키예 공화국이 탄생하는 계기가 되었습니다.

형제의 나라, 튀르키예

튀르키예를 여행하면 한국을 형제의 나라라며 반기는 사람들을 만날 수 있어요. 두 나라는 꽤 멀리 떨어져 있는데, 왜 형제의 나라라고 할까요? 튀르키예의 조상인 튀르크족은 고구려와 교류하며 지냈어요. 그뿐만 아니라 1950년 한국 전쟁이 일어났을 때 튀르키예는 우리나라에 많은 병력을 보내 주었지요. 2002년 한국에서 열린 월드컵 3·4위전에서는 한국과 튀르키예가 만나기도 했어요. 튀르키예는 자신들이 도와준 나라가 월드컵을 개최할 정도로 발전했다며 좋아했고, 한국도 고마움을 잊지 않고 태극기와 월성기를 같이 걸고 응원했습니다. 세월이 지날수록 두 나라의 우정이 더욱 커진 것 같네요.

도기가 튀르키예를 대표하는 역사 인물을 찾고 있어요.
그림에서 보기와 같은 인물을 찾아보세요.

보기
아틸라
메흐메트 2세
술레이만 1세
압둘메지드 1세
무스타파 케말

보기

아야 소피아

톱카피 궁전

갈라타 타워

양탄자

예레바탄 지하 궁전

돌마바흐체 궁전

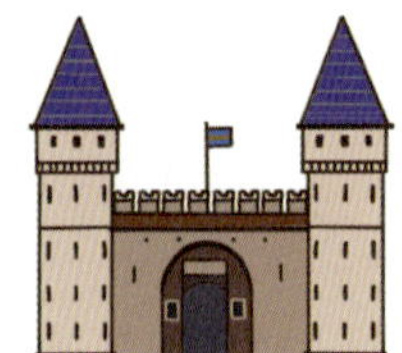

술탄이 성 안에 숨겨 놓은 쪽지를 찾아 ○✕ 퀴즈를 맞혀 보세요.
빈칸에 정답 옆의 글자를 써넣으면, 비밀 메시지를 알 수 있어요.

❶ 튀르크족은 곰을 조상으로 여긴다.
○ 미 ✕ 탄

❷ 메흐테르는 세계 최초의 군악대이다.
○ 지 ✕ 사

❸ 그랜드 바자르는 지붕이 있는 시장이란 뜻이다.
○ 마 ✕ 사

❹ 오스만 제국의 공격을 막아 낸 나라는 헝가리이다.
○ 정 ✕ 트

❺ 유길준은 중국으로 유학을 다녀왔다.
○ 묵 ✕ 개

❻ 오스만 제국은 제1차 세계 대전 때 영국과 같은 편이었다.
○ 책 ✕ 혁

☐ ☐ ☐ ☐ ☐ ☐ 을 실시하라!
❶ ❷ ❸ ❹ ❺ ❻

1 어떤 민족이 이동한 경로를 표시한 것입니다. 이 민족에 대한 설명이 아닌 것은 무엇일까요?

① 중국 북쪽의 초원 지대에 살고 있었다.
② 한나라의 압박을 견디지 못하고 서쪽으로 이동했다.
③ 유럽에서는 '훈'이라고 불렀다.
④ 원래 라인강과 흑해 연안에 살았다.

2 4세기 중엽 게르만족이 훈족을 피해 이동한 지역은 어디일까요?

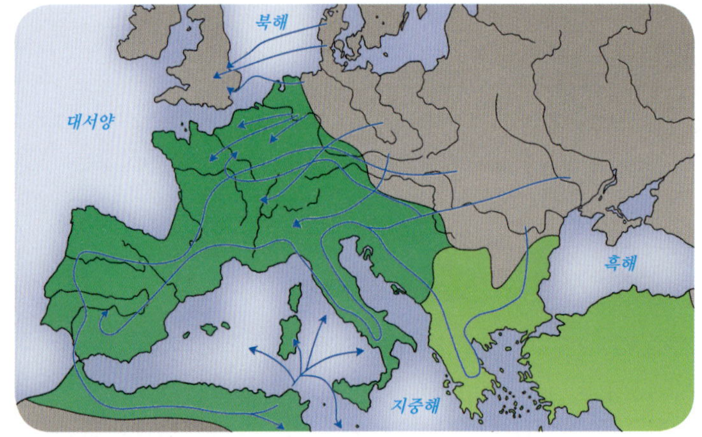

① 서로마
② 중국
③ 아프리카
④ 인도

3 튀르크족의 건국 신화와 관련 있는 동물은 무엇일까요?

① 곰　　　② 호랑이　　　③ 늑대　　　④ 노루

4 아프랍시압 궁전 벽화를 보고 물음에 답해 보세요.

(1) 고구려인으로 추정되는 사람들을 찾아 ○표해 보세요.

(2) 이 벽화로 알 수 있는 사실은 무엇일까요?

① 튀르크족과 고구려인은 서로 교류하며 지냈다.
② 튀르크족은 수나라와 친하게 지냈다.
③ 튀르크족이 살던 지역은 고구려와 가까웠다.
④ 튀르크족은 문자를 알지 못해 그림으로 남겼다.

5 메흐메트 2세가 콘스탄티노폴리스를 무너뜨린 전략이 아닌 것은 무엇일까요?

① 거대한 대포

③ 예니체리의 활약

② 배를 산으로 옮기기

④ 뇌물 공세

6 다음은 무엇에 관한 설명일까요?

- 이스탄불에 있는 세계 최대 규모의 시장이에요.

- '지붕이 있는 시장'이라는 뜻이에요.

- 메흐메트 2세가 상업 활동을 적극적으로 지원했어요.

- 동서양 문물을 활발히 거래하는 무역의 중심지였어요.

7 다음은 16세기 중반 오스만 제국의 영토를 표시한 지도입니다.
이렇게 영토를 넓힌 술탄은 누구일까요?

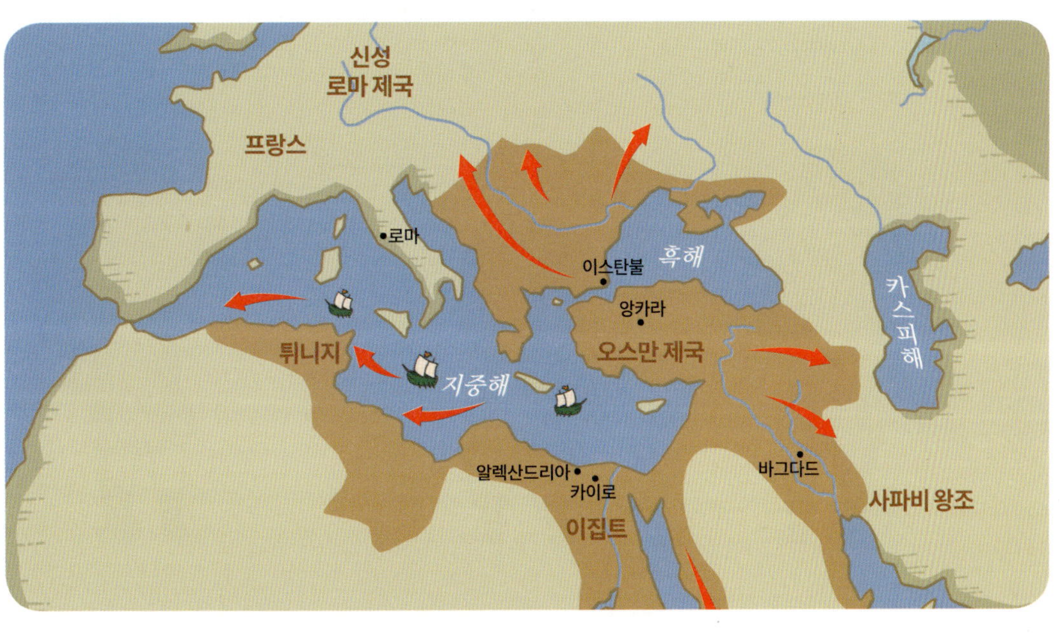

8 ㉠과 ㉡에 들어갈 알맞은 말은 무엇일까요?

오스만 제국에는 정복한 기독교 지역에서 소년을 뽑아 군인으로 키우는 제도가 있었어요. 이렇게 만든 부대가 [㉠] 이며, 이 안에는 음악을 연주하는 [㉡] 도 있었답니다.

① ㉠ 예니체리 ㉡ 매트릭스

② ㉠ 예루살렘 ㉡ 메흐테르

③ ㉠ 예니체리 ㉡ 메흐테르

④ ㉠ 예가체프 ㉡ 메흐테르

9 러시아가 남하 정책을 추진한 이유는 무엇일까요?

10 1915년 제1차 세계 대전 당시 연합국이 오스만 제국을 공격하기 위해 상륙한 곳은 어디일까요?

무스타파 케말이 추진한 서구화 정책이 아닌 것은 무엇일까요?

① 여성들은 히잡을
쓰지 않아도 된다.

② 남성들은 꼭 페즈를
써야 한다.

③ 서양 알파벳을 바탕으로
튀르키예 문자를 만들었다.

제1차 세계 대전의 동맹 관계가 바르게 연결된 곳은 어디일까요?

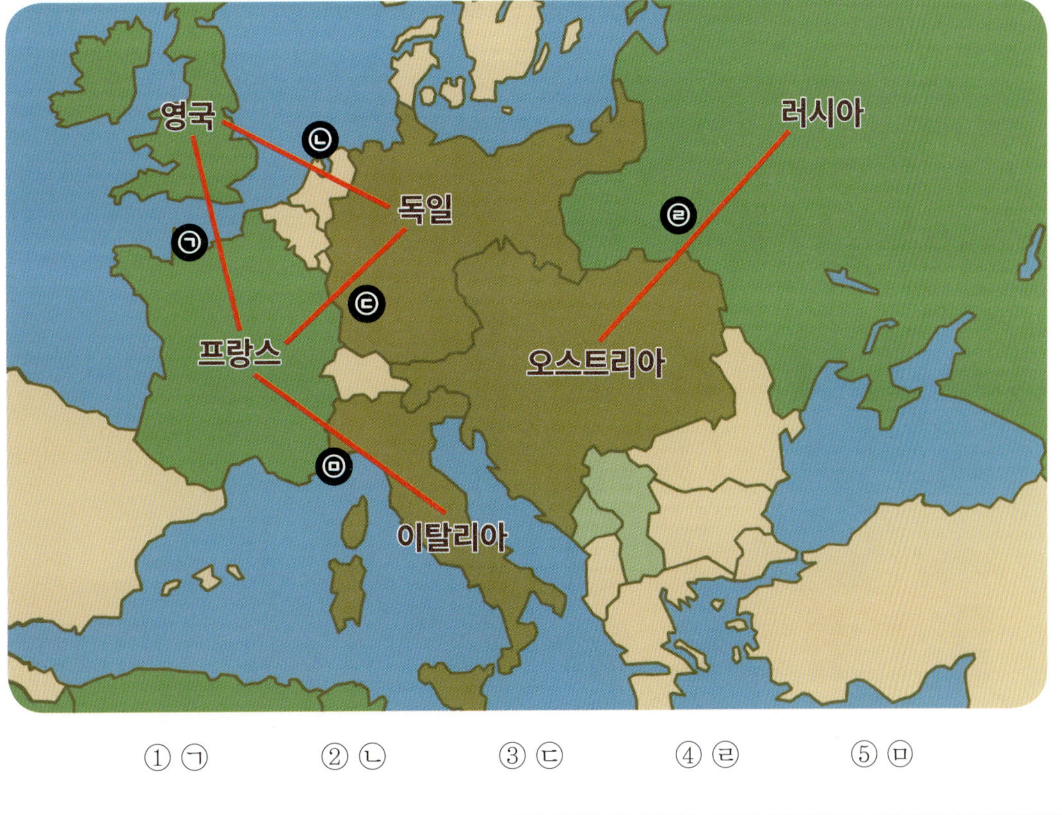

① ㄱ　　② ㄴ　　③ ㄷ　　④ ㄹ　　⑤ ㅁ

도전 세계사 놀이 퀴즈·숨은 인물 찾기

도기가 튀르키예를 대표하는 역사 인물을 찾고 있어요.
그림에서 보기와 같은 인물을 찾아보세요.

보기: 아틸라 메흐메트 2세 술레이만 1세 압둘메지드 1세 무스타파 케말

도전 세계사 놀이 퀴즈·같은 그림 찾기

튀르키예를 대표하는 랜드마크예요.
보기와 같은 것을 찾아 ○표 해 보세요.

보기: 아야 소피아 / 톱카피 궁전 / 갈라타 타워 / 양탄자 / 예레바탄 지하 궁전 / 돌마바흐체 궁전

도전 세계사 놀이 퀴즈·단어 맞추기

술탄이 성 안에 숨겨 놓은 쪽지를 찾아 ○×퀴즈를 맞혀 보세요.
빈칸에 정답 옆의 글자를 써넣으면, 비밀 메시지를 알 수 있어요.

1 답 ④

흉노가 이동한 경로를 나타낸 지도이다.

2 답 ①

게르만족은 훈족을 피해 서로마 지역으로 이동했다.

3 답 ③

튀르크족의 건국 신화와 관련있는 동물은 늑대이다.

4 답 (1)  (2) ①

아프라시압 궁전 벽화를 통해 튀르크족이 고구려인과 교류하며 지냈다는 사실을 알 수 있다.

5 답 ④

메흐메트 2세가 뇌물을 써서 콘스탄티노폴리스를 공략했다는 기록은 없다.

6 답 **그랜드 바자르**

이스탄불에 있는 그랜드 바자르에 관한 설명이다.

7 답 **술레이만 1세**

술레이만 1세 때 오스만 제국의 영토를 표시한 것이다.

8 답 ③

오스만 제국은 기독교 지역의 소년을 뽑아 군인으로 키워 예니체리를 만들었으며,
그 안에는 음악을 연주하는 메흐테르도 있었다.

9 답 ③

러시아는 부동항을 얻기 위해 남하 정책을 추진했다.

10 답 ③

제1차 세계 대전 당시 연합국은 ⓒ인 갈리폴리반도에 상륙했다.

11 답 ②

남자들은 서양식 모자인 샤프카를 쓰기 시작했다.

12 답 ①

연합국은 영국·프랑스·러시아, 동맹국은 독일·오스트리아·이탈리아였다.

튀르키예

기원전

- **1900년** 히타이트, 철 사용
- **375년경** 게르만족, 서로마 지역으로 이동 시작

기원후

- **445년** 아틸라, 훈족의 왕 등극
- **452년** 서로마 제국, 아틸라에게 교황 파견
- **552년** 튀르크 제국, 동서로 분열
- **1299년** 오스만 제국 건설
- **1369년** 예니체리 창설, 술탄 칭호 사용
- **1453년** 메흐메트 2세, 콘스탄티노폴리스 함락
- **1529년** 제1차 오스트리아 빈 포위 실패
- **1538년** 프레베자 해전
- **1683년** 제2차 오스트리아 빈 포위 실패
- **1826년** 마흐무드 2세, 예니체리 해체
- **1829년** 그리스 독립
- **1836년** 이집트 자치 획득
- **1839년~1876년** 탄지마트 개혁
- **1914년~1918년** 제1차 세계 대전
- **1915년** 갈리폴리 전투
- **1919년** 무스타파 케말, 삼순 상륙
- **1923년** 앙카라를 수도로 결정
- **1923년** 튀르키예 공화국 수립 선포, 케말 대통령 선출

콘스탄티노폴리스로 입성하는 메흐메트 2세

튀르키예 공화국 초대 대통령, 무스타파 케말

세계사	한국사
기원전	**기원전**
750년경 그리스, 폴리스 성립	57년 신라 건국
330년 로마, 콘스탄티노폴리스로 수도 이전	37년 고구려 건국
기원후	18년 백제 건국
395년 로마 제국, 동서로 분열	**기원후**
476년 서로마 제국 멸망	660년 백제 멸망
589년 수, 중국 통일	668년 고구려 멸망
610년 무함마드, 이슬람교 창시	676년 신라, 삼국 통일
618년 당 건국	698년 발해 건국
622년 헤지라(이슬람 기원 원년)	918년 왕건, 고려 건국
960년 송 건국	936년 고려, 후삼국 통일
962년 신성 로마 제국 성립	1392년 고려 멸망, 조선 건국
1271년 원 제국 성립	1446년 훈민정음 반포
1337년~1453년 영국과 프랑스, 백년 전쟁	1863년 고종 즉위, 흥선 대원군 집권
1368년 명 건국	1894년 동학 농민 운동
1789년 프랑스 혁명	1895년 을미사변
1840년 청, 아편전쟁	1896년 아관 파천
1894년 청일 전쟁	1897년 대한 제국 수립
1904년 러일 전쟁	1910년 한일 합병 조약
1914년 사라예보 사건, 제1차 세계 대전 발발	1919년 대한민국 임시정부 수립
1917년 러시아 혁명	1945년 8.15 광복

사진 출처

26 **아틸라** | 위키피디아 ⓒJulio Strozza

51 **아프라시압 궁전 벽화** | ⓒ국립중앙박물관

57 **메흐메트 2세** | 위키피디아 ⓒGentile Bellini

84 **시대별 삼미신** | 위키피디아

88 **오스만 제국의 영토** | 위키피디아 ⓒTrap24

89 **술레이만 1세** | 위키피디아 ⓒTitian

117 **행진하는 메흐테르를 그린 그림** | 위키피디아

118 **빈 성을 에워싼 오스만군을 그린 그림** | 위키피디아

122 **압둘메지드 1세** | 위키피디아

149 **돌마바흐체 궁전** | 위키피디아

151 **미국으로 파견된 조선 사신단** | 위키피디아

155 **다르다넬스 해협** | 위키피디아 ⓒ은하계의히치하이커

157, 198 **무스타파 케말** | 위키피디아

191 **동물** | 셔터스톡 ⓒiana kauri

198 **콘스탄티노폴리스로 입성하는 메흐메트 2세** | 위키피디아